ESTES ADESIVOS COMPÕEM O *MEMORY GAME* (JOGO DA MEMÓRIA) E DEVEM SER COLADOS NA CAPA DO LIVRO PARA FORMAREM PARES.

ELIETE CANESI MORINO • RITA BRUGIN DE FARIA

Hello!

KINDER

1

EDUCAÇÃO INFANTIL

editora ática

CONTENTS

ICONS

  CIRCLE

 COLOR

 COUNT

  CUT

  DOT TO DOT

 DRAW

 GLUE

INTERNET

 LET'S TALK

 LISTEN AND SAY

 MAKE AN X

 MATCH

 NUMBER

 POINT

 PRINT

 SING OR CHANT

 STICK

COLOR.

Mariana Pellegrini/Arquivo da editora

4

GROWING UP

 **LET'S TALK!**

 **BE POLITE!**

Monkey Business Images/Shutterstock

 **SING AND COLOR.**

HELLO, I'M BETH!

HELLO!

Estúdio Ornitorrinco/Arquivo da editora

MY FAMILY

REC 3:19

SISTER

BROTHER

MOM

DAD

DOG

FIDO

Mariana Pellegrini/Arquivo da editora

DRAW YOUR FAMILY.

CIRCLE THE SAME PICTURE.

ABO PHOTOGRAPHY/Shutterstock

Omaydur/Shutterstock

Jairo Toro Rubio/Shutterstock

Monkey Business Images/Shutterstock

ABO PHOTOGRAPHY/Shutterstock

GROWING UP

LET'S TALK!

RESPECT!

SING AND CIRCLE.

MATCH.

Angela Ronde/Shutterstock

Ambiento/Shutterstock

Jennifer Bosvert/Shutterstock

Yurii Onyshchenko/Shutterstock

CIRCLE THE ODD ONE OUT.

Eric Isselee/Shutterstock

Africa Studio/Shutterstock

Eric Isselee/Shutterstock

Eric Isselee/Shutterstock

GROWING UP

 LET'S TALK!

 SING AND GLUE.

BE CARING!

xavier gallego morell/Shutterstock

UNIT

3

MY HOME

HOUSE

APARTMENT

GARDEN

PLAYGROUND

Mariana Pellegrini/Arquivo da editora

15

FIND THE PAIRS.

Rubens Chaves/Pulsar Imagens

Fernando Favoretto/Criar Imagem

Bruno Santos/Folhapress

Cassandra Cury/Pulsar Imagens

G. Evangelista/Opção Brasil Imagens

G. Evangelista/Opção Brasil Imagens

FIND THE WAY.

GROWING UP

LET'S TALK!

SING AND STICK.

COOPERATION!

4 UNIT

MY TOYS

DRUM

TEDDY BEAR

CAR

DOLL

BALL

TOY BOX

Mariana Pellegrini/Arquivo da editora

STICK.

CIRCLE.

Patricia Stavis/ Folhapress

LungLee/Shutterstock

Patricia Stavis/ Folhapress

HomeStudio/Shutterstock

Tzido Sun/ Shutterstock

StudioSmart/Shutterstock

OKcamera/Shutterstock

Tzido Sun/ Shutterstock

GROWING UP

LET'S TALK!

SING AND CIRCLE.

SHARING!

MY SCHOOL

SCHOOL

SCHOOL

TEACHER

STUDENT

SCHOOLBAG

CRAYON

BOOK

Mariana Pellegrini/Arquivo da editora

Mariana Pellegrini/Arquivo da editora

FIND 4 DIFFERENCES.

GROWING UP

LET'S TALK!

SING AND DRAW.

BE NICE!

locrifa/Shutterstock

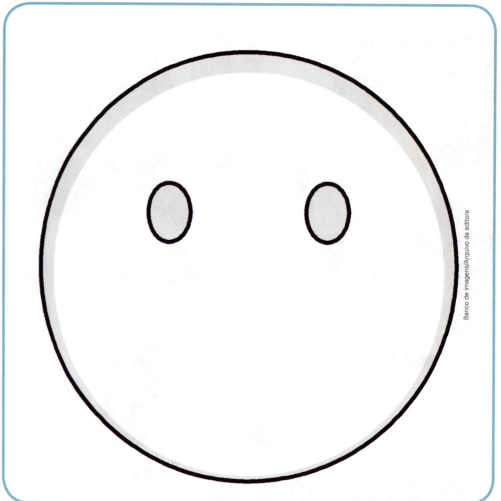

Banco de imagens/Arquivo da editora

I GO BY...

CAR

BIKE

PLANE

BUS

TOY BOX

MATCH.

3DDock/Shutterstock

Vladimiroqua/Shutterstock

Nerthuz/Shutterstock

Gilang Prihardono/Shutterstock

3DDock/Shutterstock

Nerthuz/Shutterstock

Gilang Prihardono/Shutterstock

Vladimiroqua/Shutterstock

ODD ONE OUT.

GROWING UP

LET'S TALK!

SING AND COLOR.

ROAD SAFETY!

SAY THE COLORS

RED

GREEN

YELLOW

BLUE

Mariana Pellegrini/ Arquivo da editora

CIRCLE AND COLOR.

Ilustra Cartoon/Arquivo da editora

COMPLETE THE SEQUENCE.

GROWING UP

LET'S TALK!

SING AND STICK.

TIDY UP!

Thanamat Somwan/Shutterstock

Estúdio Ornitorrinco/Arquivo da editora

MATCH AND COLOR.

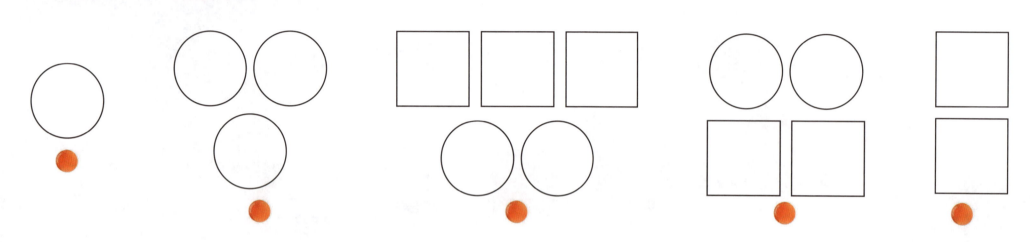

1 2 3 4 5

STICK.

1 →
Sergiy Kuzmin/Shutterstock

2 →
MR.VICHIT LAMOOL/Shutterstock

3 →
Chones/Shutterstock

4 →
Oleksandr Lytvynenko/Shutterstock

5 →
Anton Mezinov/Shutterstock

GROWING UP

LET'S TALK!

SING AND DOT TO DOT.

Oksana Shufrych/Shutterstock

Banco de imagens/Arquivo da editora

UNIT 9 SNACK TIME

COOKIES

APPLE

JUICE

BANANAS

MILK

39

FIND 4 DIFFERENCES.

MATCH AND MAKE AN X.

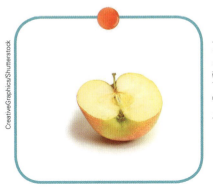

41

GROWING UP

LET'S TALK!

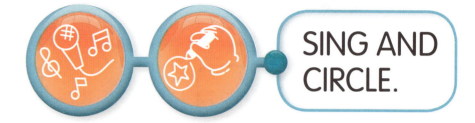

SING AND CIRCLE.

DON'T WASTE. SHARE!

MY FACE

NOSE

MOUTH

EYES

EARS

Mariana Pellegrini/Arquivo da editora

DOT TO DOT AND COLOR.

STICK.

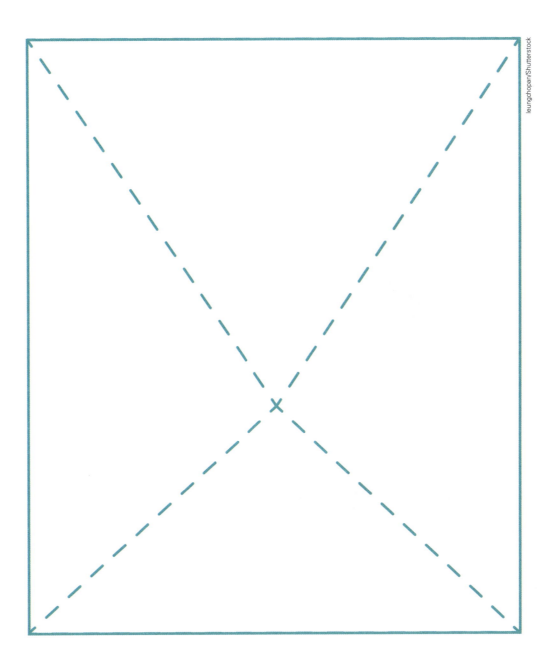

GROWING UP

LET'S TALK!

DRAW AND SING.

Kotomiti Okuma/Shutterstock

SHORTS

T-SHIRT

SNEAKERS

SOCKS

MATCH.

Ilustrações: Estúdio Ornitorrinco/Arquivo da editora

COMPLETE THE SEQUENCE.

GROWING UP

LET'S TALK!

GLUE AND SING.

ORGANIZATION!

AlesiaKan/Shutterstock

 MY BIRTHDAY!

HAPPY BIRTHDAY!

HAPPY BIRTHDAY TO YOU!

HAPPY BIRTHDAY TO YOU!

HAPPY BIRTHDAY, DEAR CAROL!

HAPPY BIRTHDAY TO YOU!

HAPPY BIRTHDAY,

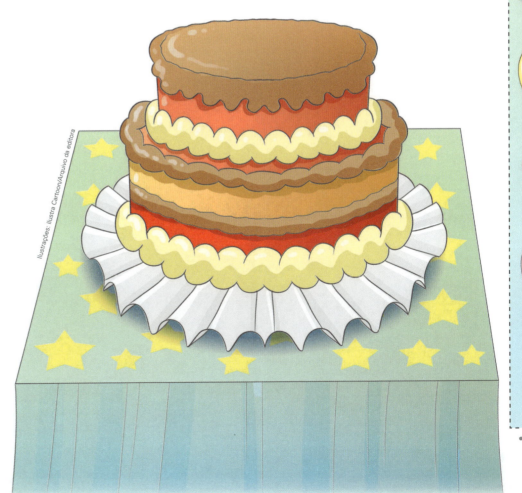

51

 **HAPPY EASTER!**

EASTER BUNNY

EASTER BUNNY

EASTER BUNNY

WHAT DO YOU BRING TO ME?

ONE EGG, TWO EGGS, THREE EGGS, SO, SO!

ONE EGG, TWO EGGS, THREE EGGS, SO, SO!

Ilustrações: Ilustra Cartoon/Arquivo da editora

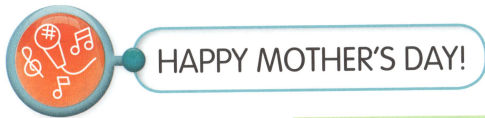

HAPPY MOTHER'S DAY!

MOTHER'S DAY

ROSES ARE RED,

VIOLETS ARE BLUE,

SUGAR IS SWEET

AND SO ARE YOU!

Ilustrações: Ilustra Cartoon/Arquivo da editora

DEAR DAD

OH ME! OH MY!

OH MY! OH ME!

IF ANYBODY LOVES DAD,

IT'S ME! IT'S ME! IT'S ME!

I LOVE YOU, DAD!
DAD, I LOVE YOU!

COLE AQUI

MERRY CHRISTMAS!

WE WISH YOU A MERRY CHRISTMAS!

WE WISH YOU A MERRY CHRISTMAS,

WE WISH YOU A MERRY CHRISTMAS,

WE WISH YOU A MERRY CHRISTMAS

AND A HAPPY NEW YEAR!

THE SONG BOOK

PICTURE DICTIONARY

APARTMENT	**APPLE**	**BALL**	**BANANAS**	**BIKE**	**BIRD**	**BLUE**
BOOK	**BOY**	**BROTHER**	**BUILDING**	**BUS**	**BUTTERFLY**	**CAP**
CAR	**CAT**	**COOKIES**	**CRAYON**	**DAD**	**DOG**	**DOLL**
EYES	**FIVE**	**FLOWER**	**FOUR**	**FRIENDS**	**GARDEN**	**GIRL**

GRANDMA	**GRANDPA**	**GREEN**	**HOUSE**	**LUNCH BOX**	**MILK**	**MOM**
MOUTH	**NOSE**	**ONE**	**ORANGE JUICE**	**PLANE**	**PLAYGROUND**	**RED**
SCHOOL	**SCHOOLBAG**	**SHORTS**	**SISTER**	**SNEAKERS**	**SOCKS**	**TEACHER**
TEDDY BEAR	**THREE**	**TOY BOX**	**TREE**	**T-SHIRT**	**TWO**	**YELLOW**

STICKERS

PAGE 5

PAGE 6

NAME
_____

NAME
_____

NAME
_____

PAGE 24

PAGE 37

PAGE 34

PAGE 18

PAGE 45

PAGE 59

PAGE 20

PAGE 51

PAGE 6
READER

BILLY

67

MEMORY GAME

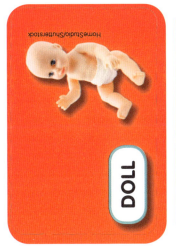

DOLL

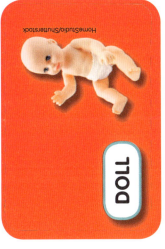

DOLL

BALL

BALL

BUS

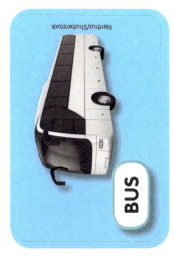

BUS

CAR

CAR

TEDDY BEAR

TEDDY BEAR

PLANE

PLANE

1 2 3 4 5

FAMILY AND TEACHER PUPPETS

PETS, TOYS AND SCHOOL

Ilustrações: Mariana Pellegrini/Arquivo da editora

SCHOOL, I GO BY AND COLORS

Mariana Pellegrini/Arquivo da editora

Mariana Pellegrini/Arquivo da editora

Mariana Pellegrini/Arquivo da editora

3DDock/Shutterstock

Vladimiroquai/Shutterstock

Nerthuz/Shutterstock

Gilang Prihardono/Shutterstock

Estúdio Ornitorrinco/Arquivo da editora

Estúdio Ornitorrinco/Arquivo da editora

COLORS, SNACK TIME AND CLOTHES

Estúdio Ornitorrinco/Arquivo da editora

Estúdio Ornitorrinco/Arquivo da editora

Mariana Pellegrini/Arquivo da editora

Estúdio Ornitorrinco/Arquivo da editora

Estúdio Ornitorrinco/Arquivo da editora

Estúdio Ornitorrinco/Arquivo da editora

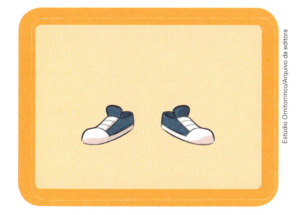

Estúdio Ornitorrinco/Arquivo da editora

Estúdio Ornitorrinco/Arquivo da editora